Impressum
Verlag: BABADADA GmbH, Nedderfeld 112 , 22529 Hamburg
Geschäftsführer / Verlagsleitung: Harald Hof
Druck: Books on Demand GmbH, In de Tarpen 42, 22848 Norderstedt

Imprint
Publisher: BABADADA GmbH, Nedderfeld 112 , 22529 Hamburg, Germany
Managing Director / Publishing direction: Harald Hof
Print: Books on Demand GmbH, In de Tarpen 42, 22848 Norderstedt

тақсим кардан
delen

186/2

синф
klaslokaal

тахтаи синф
bord

саҳни мактаб
speelplaats

муаллим
leerkracht

коғаз
papier

навиштан
schrijven

ручка
pen

мизи хатнависӣ
bureau

чадвал
liniaal

китоб
boek

талаба
leerling

чузвдон

schooltas

қаламдон

pennenzak

қалам

potlood

қаламтезкунак

puntenslijper

хаткуркунак

gom

блокноти расмкашӣ

tekenblok

расм

tekening

мӯқалами рассомӣ

verfborstel

қуттии рангҳо

verfdoos

қайчӣ

schaar

ширеш

lijm

дафтари машқ

werkboek

вазифаи хонагӣ

huiswerk

рақам

nummer

ҷамъ кардан

optellen

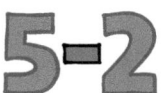

кам кардан

aftrekken

зарб задан

vermenigvuldigen

ҳисоб кардан

rekenen

ҳарф

letter

алфавит

alfabet

калима

woord

матн

tekst

хондан

Lezen

бӯр

krijt

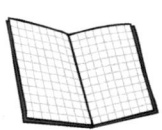

дарс

les

журнали синфӣ

klassenboek

имтиҳон

examen

шаҳодатнома

certificaat

либоси мактабӣ

schooluniform

таҳсил/маориф

onderwijs

энсиклопедия

encyclopedie

донишгоҳ

universiteit

микроскоп (more frequently used)

microscoop

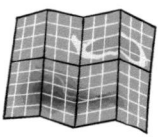

харита

kaart

сабади партофҳои коғазӣ

papiermand

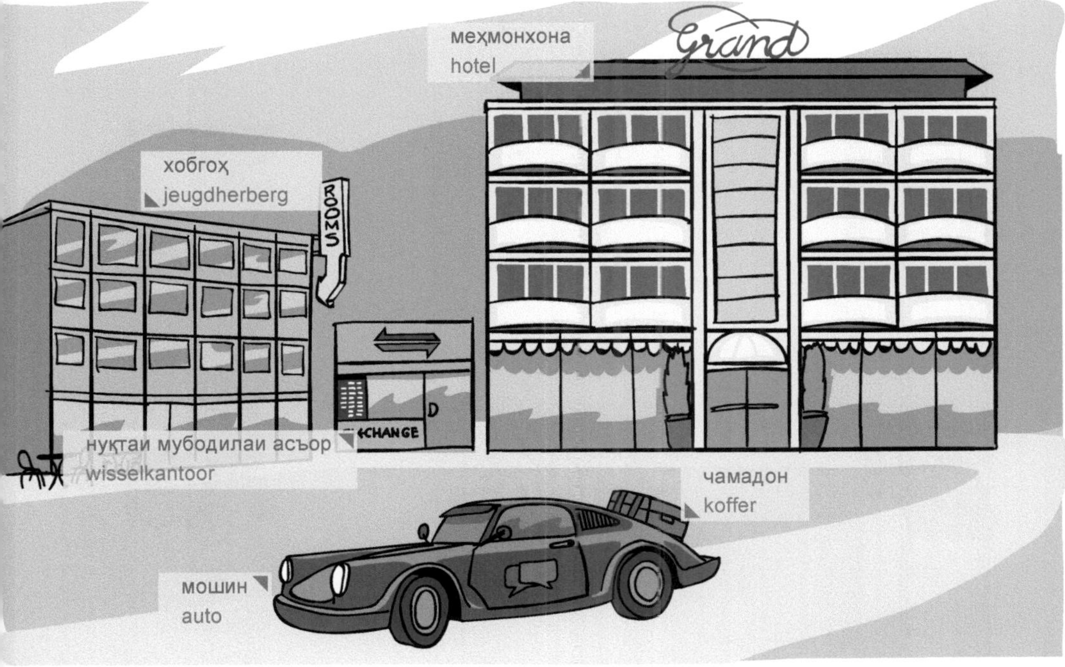

меҳмонхона
hotel

Grand

хобгоҳ
jeugdherberg

ROOMS

нуқтаи мубодилаи асъор
wisselkantoor

CHANGE

чамадон
koffer

мошин
auto

забон
Taal

ҳа / не
ja / nee

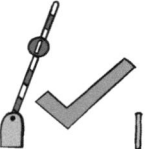

Худ
oké

Ассалому алейкум
hallo

тарҷумон
vertaler

Раҳмат
bedankt

чӣ қадар аст ...?

Hoeveel kost ...?

Ман намефаҳмам

Ik begrijp het niet

проблема

probleem

шаб ба хайр!

Goedenavond!

субҳ ба хайр

Goedemorgen!

шаби хуш

Goedenavond!

хайр

Tot ziens

равона

richting

бағоҷ

bagage

ҷузвдон

zak

борхалта

rugzak

меҳмон

gast

хона

kamer

хобхалта

slaapzak

хайма

tent

маълумоти сайёҳӣ

toeristeninformatie

соҳил

strand

корти кредитӣ

kredietkaart

наҳорӣ

ontbijt

хӯроки пешин

lunch

хӯроки шом

avondeten

чипта

ticket

лифт

lift

марка

postzegel

сарҳад

grens

Гумрук

douane

сафорат

ambassade

раводид

visum

шиноснома

paspoort

нақлиёт

transport

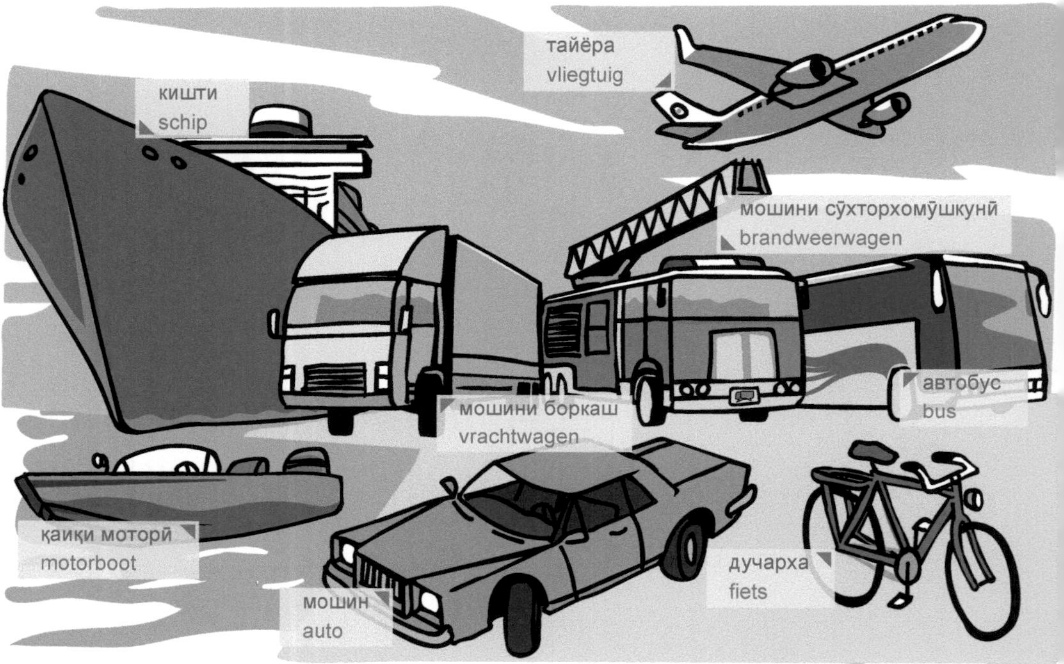

тайёра
vliegtuig
кишти
schip
мошини сӯхторхомӯшкунӣ
brandweerwagen
автобус
bus
мошини боркаш
vrachtwagen
қаиқи моторӣ
motorboot
дучарха
fiets
мошин
auto

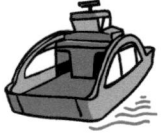

паром

veerboot

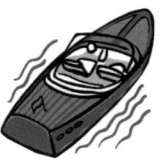

қаиқ

boot

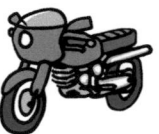

мотосикл

motor

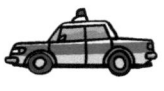

мошини полис

politiewagen

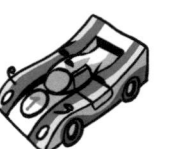

мошини тезрави пойгаи

racewagen

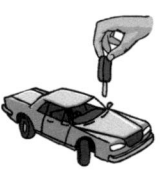

кирояи мошинҳо

huurauto

ҳамроҳ истифодабарии
мошин

carpoolen

эвакуатор

sleepwagen

павтовҷамъкунӣ

vuilniswagen

муҳаррик

motor

сӯзишворӣ

benzine

нуқтаи фурӯши сӯзишворӣ

benzinestation

аломати роҳ

verkeersbord

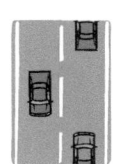

ҳаракат

verkeer

бандшавии ҳаракати роҳ

file

ҷои исти мошинҳо

parkeerplaats

истгоҳи роҳи оҳан

station

роҳи оҳан

sporen

қатора

trein

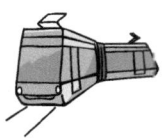

тамвай

tram

вагон

wagon

чархбол

helikopter

фурудгоҳ

luchthaven

манора

toren

мусофир

passagier

контейнер

container

щутии картонӣ

karton

ароба

kar

сабад

mand

гирифтан / замин

opstijgen / landen

шаҳр

stad

деҳа

dorp

маркази шаҳр

stadscentrum

хона

huis

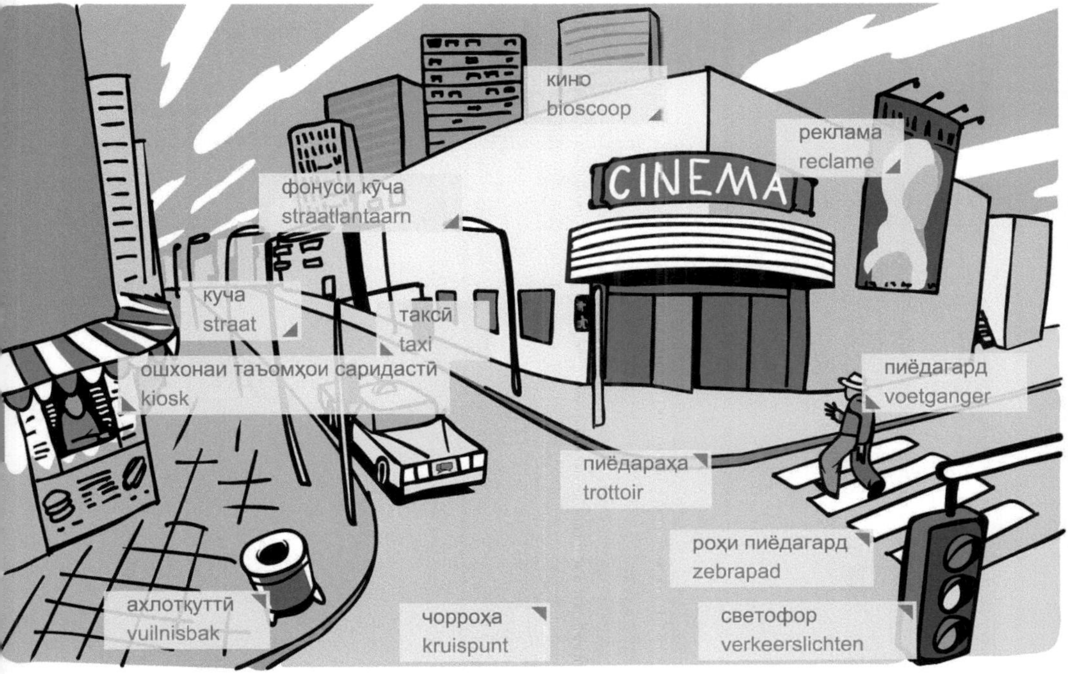

кино
bioscoop

реклама
reclame

фонуси кӯча
straatlantaarn

CINEMA

кӯча
straat

таксӣ
taxi

пиёдагард
voetganger

ошхонаи таъомҳои саридастӣ
kiosk

пиёдараҳа
trottoir

роҳи пиёдагард
zebrapad

ахлотқуттӣ
vuilnisbak

чорроҳа
kruispunt

светофор
verkeerslichten

кулба
hut

ҳамвор
woning

истгоҳи роҳи оҳан
station

бинои маъмурияти шаҳр
stadshuis

осорхона
museum

мактаб
school

донишгоҳ

universiteit

бонк

bank

бемористон

ziekenhuis

меҳмонхона

hotel

доухона

apotheek

идора

kantoor

сехи китоб

boekwinkel

сехи

winkel

мағозаи гулфурӯшӣ

bloemenwinkel

супермаркет

supermarkt

бозор

markt

универмаг

warenhuis

мағозаи моҳифурӯшӣ

vishandelaar

маркази савдо

winkelcentrum

бандар

haven

парк

park

бонк

bank

пул

brug

зинапоя

trap

метро

metro

нақби

tunnel

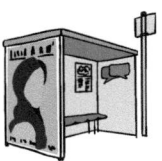

истгоҳи автобус

bushalte

бар

bar

тарабхона

restaurant

қуттии почта

brievenbus

аломати номи кӯчаҳо

straatnaamborc

ҳисобкунаки исти мошинҳо

parkeermeter

боғи ҳайвонот

zoo

ҳавзи шиноварӣ

zwembad

масҷид

moskee

ферма

boerderij

ифлоскунй

milieuverontreiniging

қабристон

kerkhof

калисо

kerk

майдончаи бозӣ

speelplaats

маъбад

tempel

ландшафт
landschap

барг
blad

аломати роҳнамо
wegwijzer

роҳ
weg

алафзор
weide

санг
steen

сайёҳ
wandelaar

дарахт
boom

дарё
rivier

алаф
gras

гул
bloem

водй

vallei

кӯҳ

heuvel

кул

meer

беша

bos

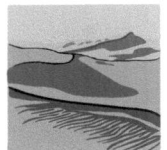

биёбон

woestijn

вулкан

vulkaan

қалъа

kasteel

рангинкамон

regenboog

занбӯруғ

paddenstoel

дарати нахл

palmboom

хомӯшак

mug

паридан

vlieg

мурча

mier

занбур

bijl

тортанак

spin

гамбӯсак

kever

қурбоққа

kikker

санҷоб

eekhoorn

хорпушт

egel

харгӯш

haas

бум

uil

парранда

vogel

мурғи қу

zwaan

хуки ваҳшӣ

wild zwijn

оху

hert

гавазн

eland

сарбанд

dam

турбина шамол

windturbine

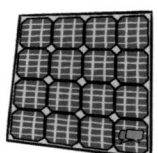

панел офтобӣ

zonnepaneel

иқлим

klimaat

тарабхона
restaurant

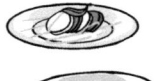

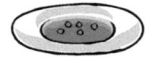

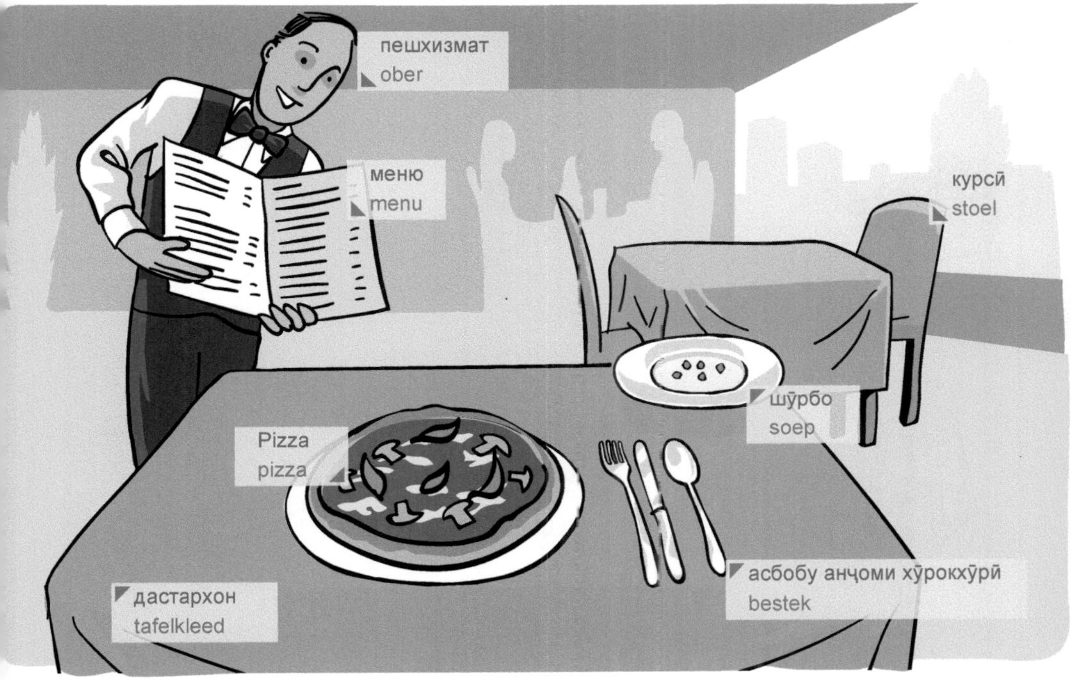
пешхизмат
ober
меню
menu
курсӣ
stoel
шӯрбо
soep
Pizza
pizza
асбобу анҷоми хӯрокхӯрӣ
bestek
дастархон
tafelkleed

стартер/корандоз

voorgerecht

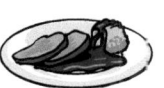

хӯроки асосӣ

hoofdgerecht

десерт

nagerecht

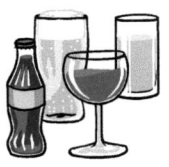

нӯшокиҳои

drankjes

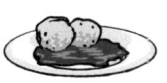

таъом

eten

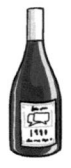

шиша

fles

Хӯроки Тез Таёр мешуда

fastfood

хӯроки кӯчагӣ

street food

чойник

theepot

шакардон

suikerpot

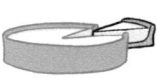

қисм/порча

portie

мошини espresso

espressomachine

курсии кӯдакона

kinderstoel

ҳисоб

rekening

зарфмонак

dienblad

корд

mes

чангол

vork

қошуқ

lepel

қошуқча

theelepel

сачоқи қоғазӣ

serviette

истакон

glas

табақча

bord

косача

soepbord

тақсимча

schoteltje

соус

saus

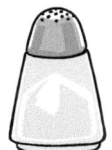

намакдон

zoutvatje

мурчдон

pepermolen

сирко

azijn

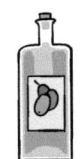

равғани растанӣ

olie

приправа

kruiden

кетчуп

ketchup

хардал

mosterd

майонез

mayonaise

супермаркет
supermarkt

пешниҳоди махсус
aanbieding
мизоҷ
klant
шир
zuivelproducten
мева
fruit
аробача
winkelwagen
FOR

BUTCHERS

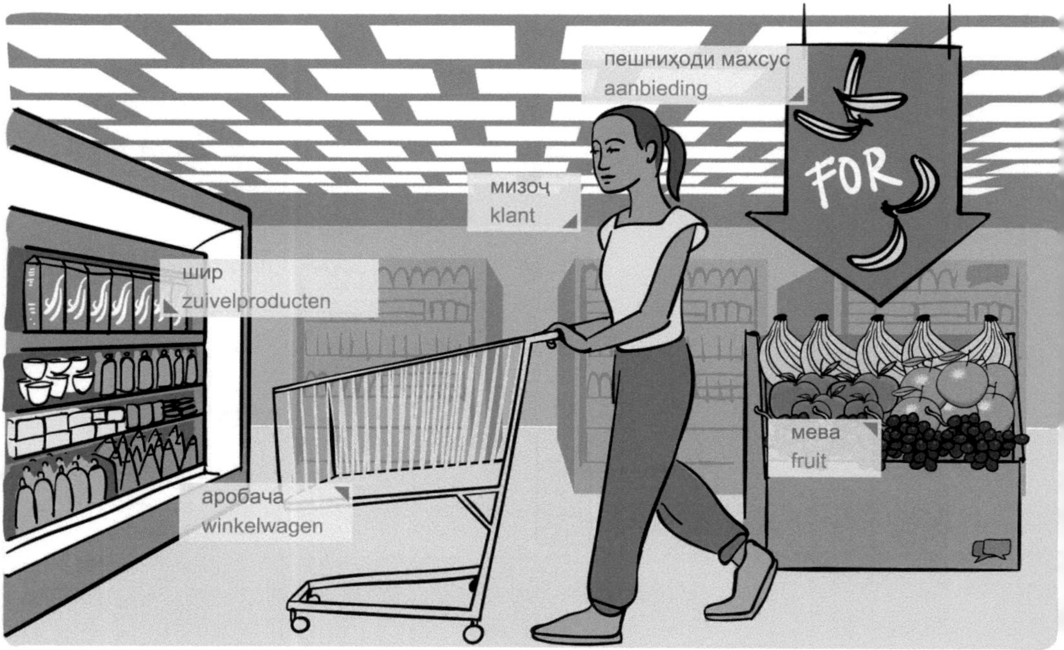

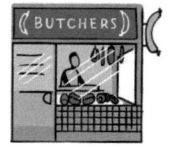

дукони гӯштфурӯшӣ

slagerij

BAKERY

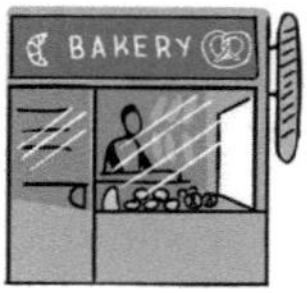

дукони нонфурӯшӣ

bakkerij

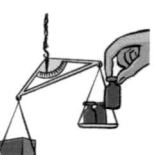

баркашидан

wegen

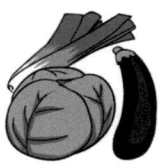

сабзавот

groenten

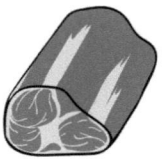

гӯшт

vlees

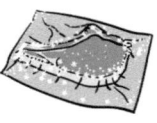

хӯроки яхбаста

diepvriesvoedsel

тилимҳои борик буридаи
гушт

charcuterie

озуқаворӣ
консервонидашуда

conserven

хокаи либосшӯй

waspoeder

ширинӣ

snoep

асбоби рӯзгор

huishoudproducten

воситаҳои тозакунанда

schoonmaakproducten

фурӯшанда

verkoopster

касса

kassa

кассир

kassier

рӯйхати харидкунӣ

boodschappenlijstje

соат ифтитоҳи

openingstijden

ҳамён

portefeuille

корти кредитӣ

kredietkaart

ҷуздо

tas

пакет

plastieken zakje

об

water

шарбат

sap

шир

melk

кола

cola

шароб

wijn

оби ҷав

bier

машрубот

alcohol

какао

cacao

чой

thee

қаҳва

koffie

эспрессо

espresso

каппучино

cappuccino

банан

banaan

себ

appel

норанҷӣ

sinaasappel

харбуза

meloen

лимӯ

citroen

сабзӣ

wortel

сир

knoflook

бамбук

bamboe

пиёз

ajuin

занбӯруғ

champignon

чормағз

noten

угро

noodles

спагеттӣ

spaghetti

биринҷ

rijst

салат

salade

картошкаи қоқак

frieten

картошкабирён

gebakken aardappelen

Pizza

pizza

гамбургер

hamburger

бутербурод

sandwich

шнитсел

kalfslapje

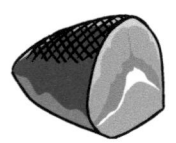

гӯшти намакардаи хук

ham

ҳасиби салямӣ

salami

ҳасиб

worst

мурғ

kip

кабоб

braden

моҳӣ

vis

ярмаи ҷав

havervlokken

омехтаи ғалладонагӣ

muesli

ярмаи ҷув优римакка

cornflakes

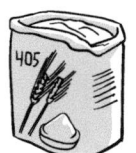

орд

bloem

кулчақанд

croissant

кулчақанд

pistolet

нон

brood

як порча нони бирён

toast

кулчачаҳои қандин

koekjes

маска

boter

творог

kwark

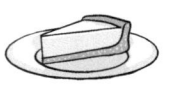

пирог

taart

тухм

ei

тухм бирён

spiegelei

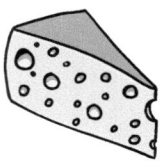

панир

kaas

яхмос

ijs

шакар

suiker

асал

honing

мураббо

confituur

хамираи ҳалво

choco

Curry

curry

ферма
boerderij

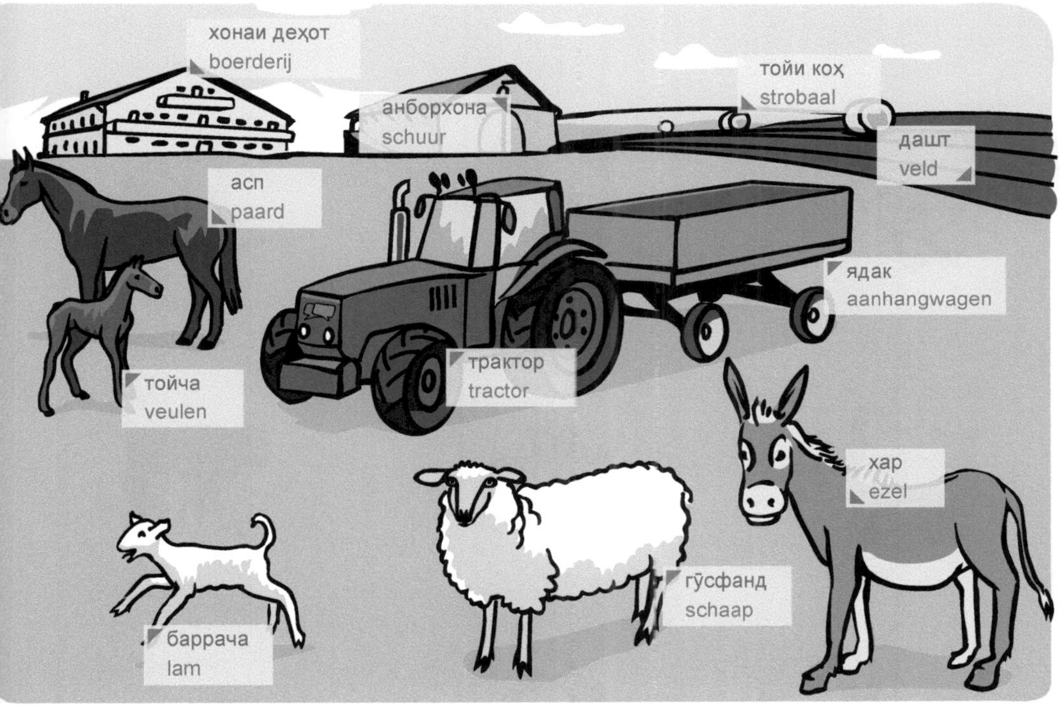

хонаи деҳот
boerderij
анборхона
schuur
тойи коҳ
strobaal
дашт
veld
асп
paard
ядак
aanhangwagen
трактор
tractor
тойча
veulen
хар
ezel
гӯсфанд
schaap
баррача
lam

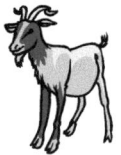

буз

geit

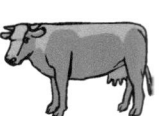

гов

koe

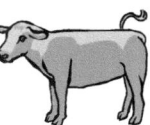

гӯсола

kalf

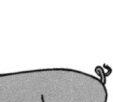

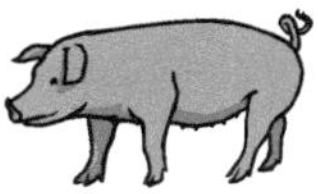

хук

varken

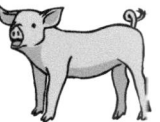

хукча

biggetje

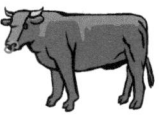

буққа

stier

қоз

gans

мурғобӣ

eend

чӯча

kuiken

мурғ

kip

хурӯс

haan

каламуш

rat

гурба

kat

муш

muis

барзагов

os

саг

hond

хоначаи саг

hondenhok

рӯдаи резинӣ

tuinslang

камобӣ метавонад

gieter

дос

zeis

сипори шудгоркунии замин

ploeg

28
ферма - boerderij

доси

sikkel

каланд

schoffel

панчшоха

hooivork

табар

bijl

ароба

kruiwagen

охур

trog

зарфи ширгирй

melkkan

халта

zak

девор

hek

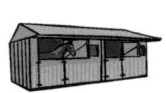

мӯътадил

stal

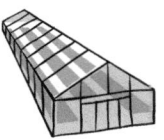

гармхона

broeikas

хок

bodem

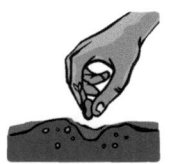

тухмӣ

zaad

нурихо

mest

комбайни ғаллағундорй

maaidorser

ферма - boerderij

хосил

oogsten

хосил

oogst

yams

yam

гандум

tarwe

лубиж

soja

картошка

aardappel

ҷуворӣ

maïs

донаи маъсар

koolzaad

дарахти мева

fruitboom

manioc

maniok

ғалладона

graan

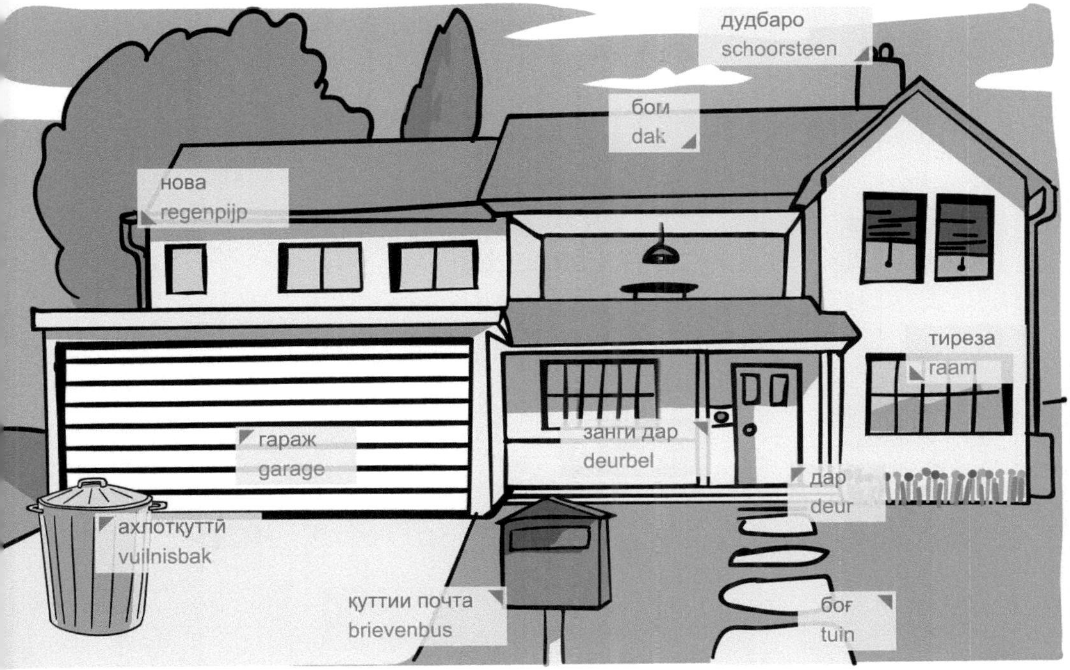

дудбаро
schoorsteen

бом
dak

нова
regenpijp

тиреза
raam

гараж
garage

занги дар
deurbel

дар
deur

ахлотқуттй
vuilnisbak

куттии почта
brievenbus

боғ
tuin

мехмонхона

woonkamer

ҳамом

badkamer

ошхона

keuken

хонаи хоб

slaapkamer

ҳуҷраи кӯдакона

kinderkamer

ошхона

eetkamer

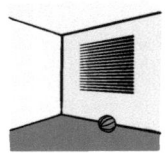

ошёна
vloer

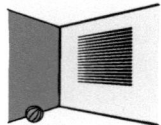

девор
muur

шифт
plafond

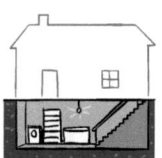

тагзаминй
kelder

сауна
sauna

балкон
balkon

суфача
terras

ҳавз
zwembad

мошини алафдарав
grasmaaier

варақ
dekbedovertrek

кампал
dekbed

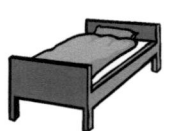

кат
bed

чорӯб
bezem

сатил
emmer

калид
schakelaar

мехмонхона
woonkamer

зардеворӣ
behangpapier
расм
foto
лампа
lamp
рафи китобмонӣ
schap
чевони зарфҳо
kast
телевизор
televisie
оташдон
open haard
гул
bloem
болишт
kussen
диван
sofa
гулдон
vaas
пулт
afstandsbediening

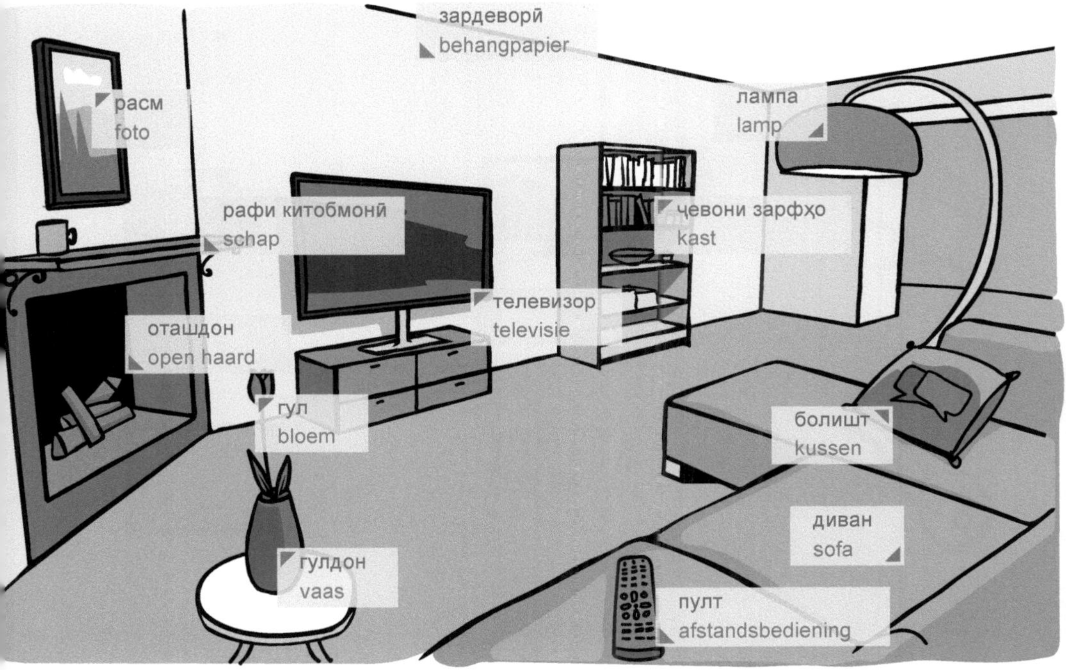

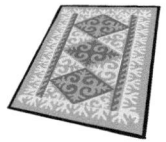

қолин

mat

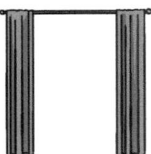

парда

gordijn

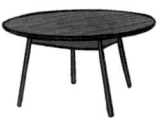

мизи

tafel

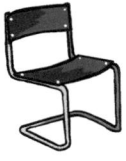

курсӣ

stoel

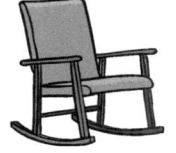

rocking кафедраи

schommelstoel

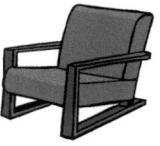

курсӣ

fauteuil

китоб

boek

курпа

deken

ороиш

decoratie

ҳезум

brandhout

филм

film

дастгоҳи hi-fi

stereo-installatie

калид

sleutel

рӯзнома

krant

расм

schilderij

эълон

poster

радио

radio

китобчаи қайдҳо

notitieboekje

чангкашак

stofzuiger

кактус

cactus

шам

kaars

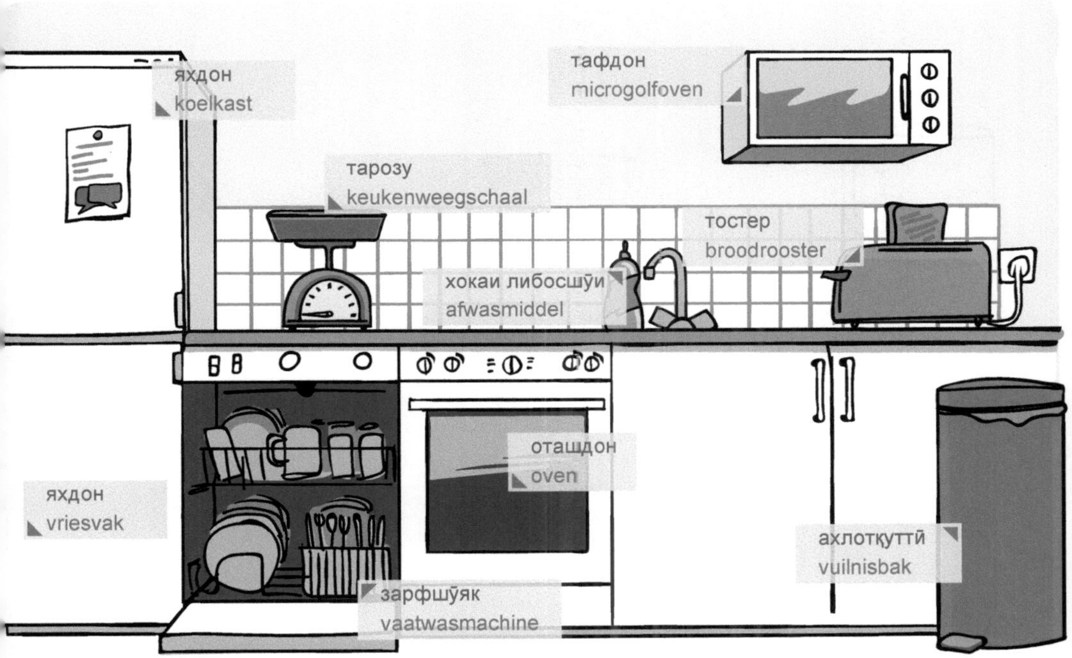

яхдон
koelkast

тафдон
microgolfoven

тарозу
keukenweegschaal

тостер
broodrooster

хокаи либосшӯи
afwasmiddel

яхдон
vriesvak

оташдон
oven

ахлоткуттӣ
vuilnisbak

зарфшӯяк
vaatwasmachine

плита

fornuis

тубак

pot

дег

gietijzeren pot

дег / кадӣ

wok / kadai

тоба

pan

чойник

waterkoker

steamer

stoomkoker

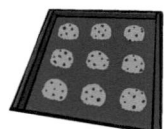

лист

bakplaat

зарф

servies

кружка

mok

коса

kom

чубаки хурокхӯрӣ

eetstokjes

кафлези

pollepel

кафлези ҳамвор

spatel

whisk

garde

strainer

vergiet

элак

zeef

турбтарошак

rasp

миномет

mortier

Кабоб Кардан

barbecue

оташ кушод

haardvuur

тахтаи резакунй

snijplank

чӯба

deegrol

пӯккашак

kurkentrekker

банка

blik

консервокушояк

blikopener

дастак

pannenlap

дастшӯяк

gootsteen

чӯтка

borstel

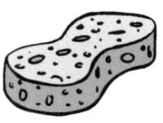

исфанҷ

spons

блендер

blender

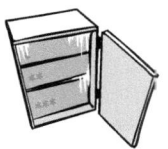

сармодон

vriezer

шишача

papfles

чумак

kraan

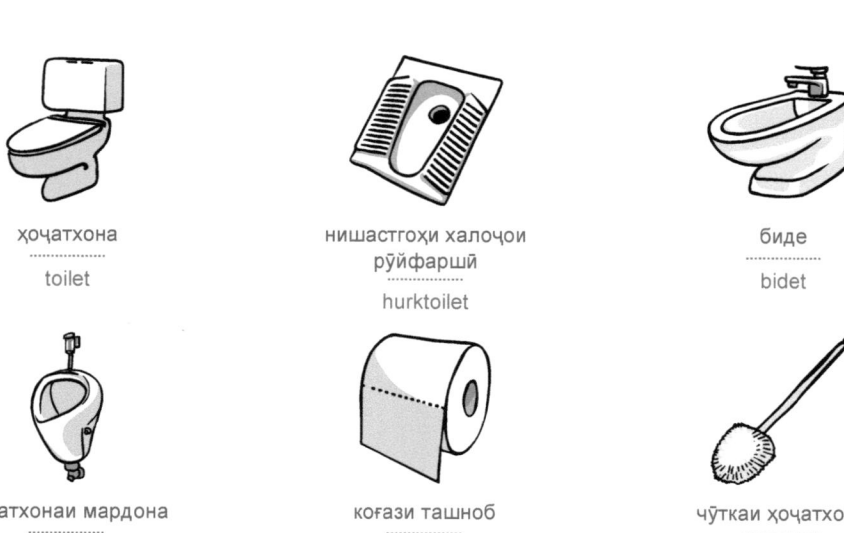

ҳамом
badkamer

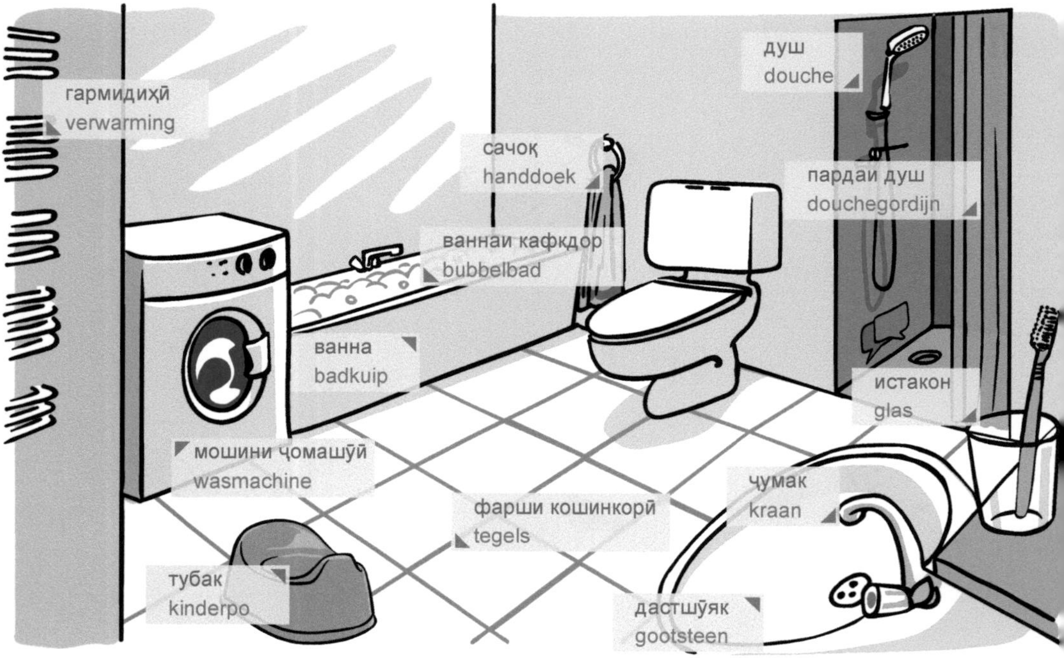

гармидиҳӣ
verwarming
душ
douche
сачоқ
handdoek
пардаи душ
douchegordijn
ваннаи кафкдор
bubbelbad
ванна
badkuip
истакон
glas
мошини ҷомашӯӣ
wasmachine
ҷумак
kraan
фарши кошинкорӣ
tegels
тубак
kinderpo
дастшӯяк
gootsteen

ҳоҷатхона

toilet

нишастгоҳи халоҷои рӯйфаршӣ

hurktoilet

биде

bidet

ҳоҷатхонаи мардона

urinoir

коғази ташноб

toiletpapier

чӯткаи ҳоҷатхона

toiletborstel

дандоншӯяк

tandenborstel

хамираи дандоншӯи

tandpasta

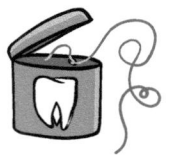

риштаи дандонтозакунӣ

flosdraad

шӯстан

wassen

души дастӣ

handdouche

обшӯй

bidethanddouche

ҳавза

waskom

шона кардани мӯй

rugborstel

собун

zeep

гел барои душ

douchegel

шампун

shampoo

бумазӣ

washandje

заҳкаш

afvoer

крем

crème

дезодорант

deodorant

оина

spiegel

оинаи дастй

handspiegel

риштарошаки барқи

scheermes

кафк барои риштарошй

scheerschuim

оби мушкини баъди
риштарошй

aftershave

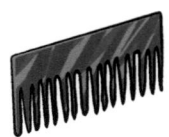

шона

kam

чӯтка

borstel

мӯйхушкунак

haardroger

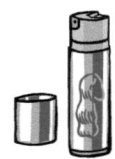

лак барои мӯй

haarlak

косметика

make-up

лабсурхкунак

lippenstift

лок барои нохун

nagellak

пахта

watten

қайчии нохунгирй

nagelknipper

атриёт

parfum

ҷузвдони косметики

toilettas

қазои ҳоҷат

kruk

тарозу

weegschaal

хилъат

badjas

дастпӯшак резинга

latex handschoenen

тампон

tampon

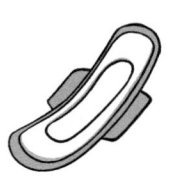

дастмоли санитарӣ

maandverband

био-ҳоҷатхона

chemisch toilet

ҳуҷраи кӯдакона
kinderkamer

соати рӯимизии зангдор
wekker
бозичаи мулоим
knuffel
мошини бозича
speelgoedauto
тиқ-тиқ кардан
rammelaar
хоначаи бозичагӣ
poppenhuis
ҳузур
geschenk

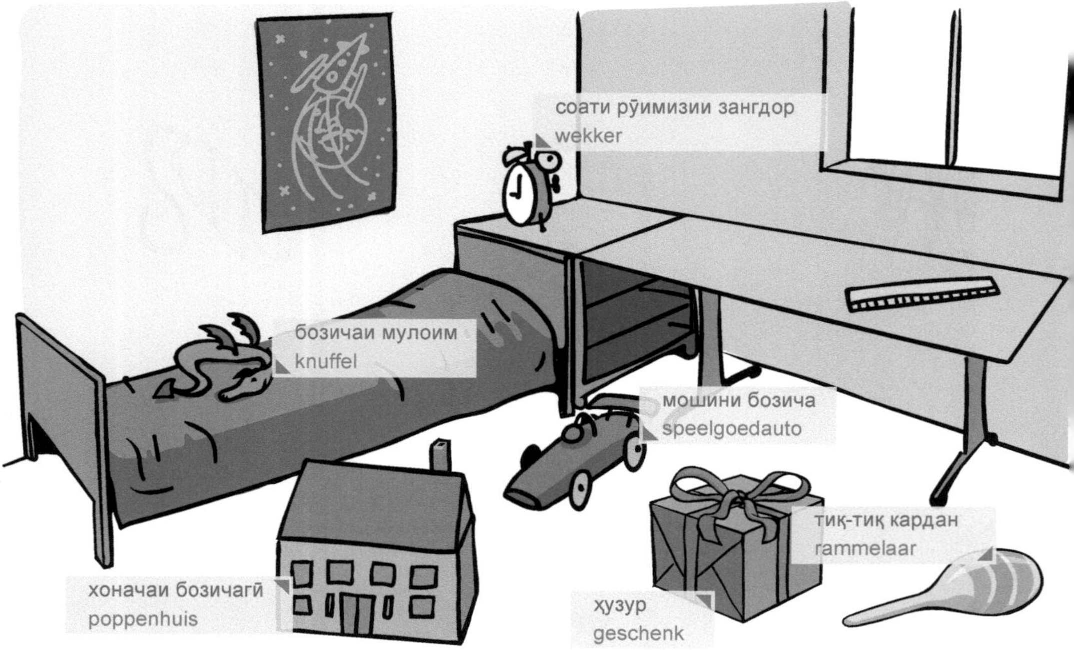

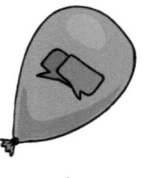

пуфак

ballon

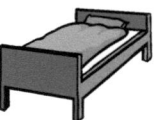

кат

bed

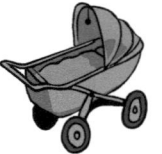

аробочаи кудакона

kinderwagen

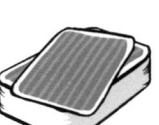

маҷмӯи кортҳо

spel kaarten

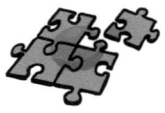

бозии муамоёбӣ

puzzel

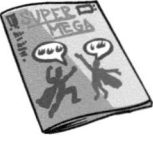

комикс

stripboek

хиштхои лего

legoblokjes

мағозаи бозичафурӯхтан

blokken

рақам амал

actiefiguur

либоси ғаваккашӣ

kruippakje

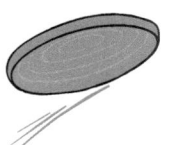

фрисби

frisbee

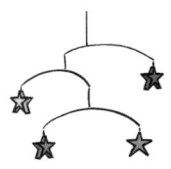

мобилӣ

mobiel

лавҳачаи бозӣ

bordspel

кубик

dobbelsteen

маҷмӯи модели қатора

modelspoorweg

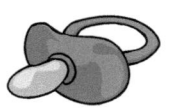

пистонак

fopspeen

ҳизб

feest

китоби расм

prentenboek

тӯб

bal

лӯхтак

pop

бози кардан

spelen

қуттии рег

zandbak

арғунчак

schommel

бозича

speelgoed

консоли бозиҳои видеой

spelconsole

велосипеди сечарха

driewieler

хирсаки бахмалии патдор

knuffelbeer

чевон

kleerkast

либос
kleding

ҷуроб

sokken

ҷуроби соқбаланд

kousen

колготки

maillot

гарданпеч
sjaal

чатр
paraplu

футболка
T-shirt

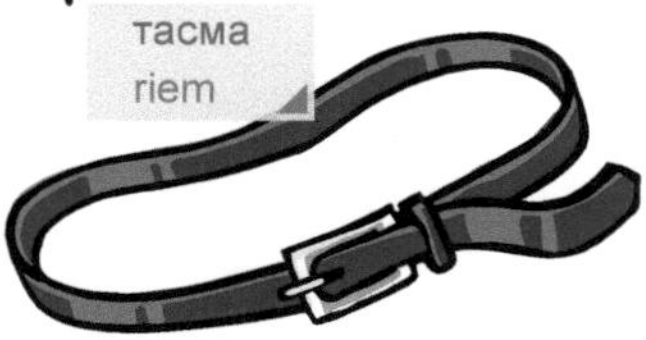

тасма
riem

пойафзол
laarzen

шиппак
slippers

кроссовки
sneakers

босоножкй
....
sandalen

пойафзол
....
schoenen

музаи резинй
....
rubberlaarzen

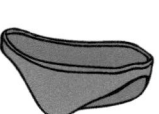

турсй
....
onderbroek

синабанд
....
beha

майка
....
onderhemd

бадан

lichaam

шим

broek

чинс

jeans

юбка

rok

куртаи нимтаи занона

blouse

курта

hemd

свитер

trui

свитер

capuchontrui

пиҷак

blazer

нимтана

jas

палто

jas

плаш

regenjas

костюм

kostuum

куртаи занона

jurk

либос тӯйи

trouwjurk

костюм

pak

куртаи хоб

nachthemd

пижама

pyjama

Сари

sari

рӯймол

hoofddoek

салла

tulband

ниқобу

boerka

кафтан

kaftan

абая

abaya

либоси обозӣ

badpak

эзорчаи шиноварии мардона

zwembroek

шорти

short

либоси варзишӣ

trainingspak

пешбанд

schort

дастпӯшак

handschoenen

тугма

knoop

айнак

bril

дастпона

armband

гарданбанд

ketting

ангуштарин

ring

гӯшвора

oorbel

кулоҳ

pet

либосовезак

kapstok

кулоҳ

hoed

галстук

das

занҷирак

rits

тоскулоҳ

helm

шимбардор

bretellen

либоси мактабӣ

schooluniform

либоси

uniform

пешгир

slabbetje

пистонак

fopspeen

подгузник

luier

идора

kantoor

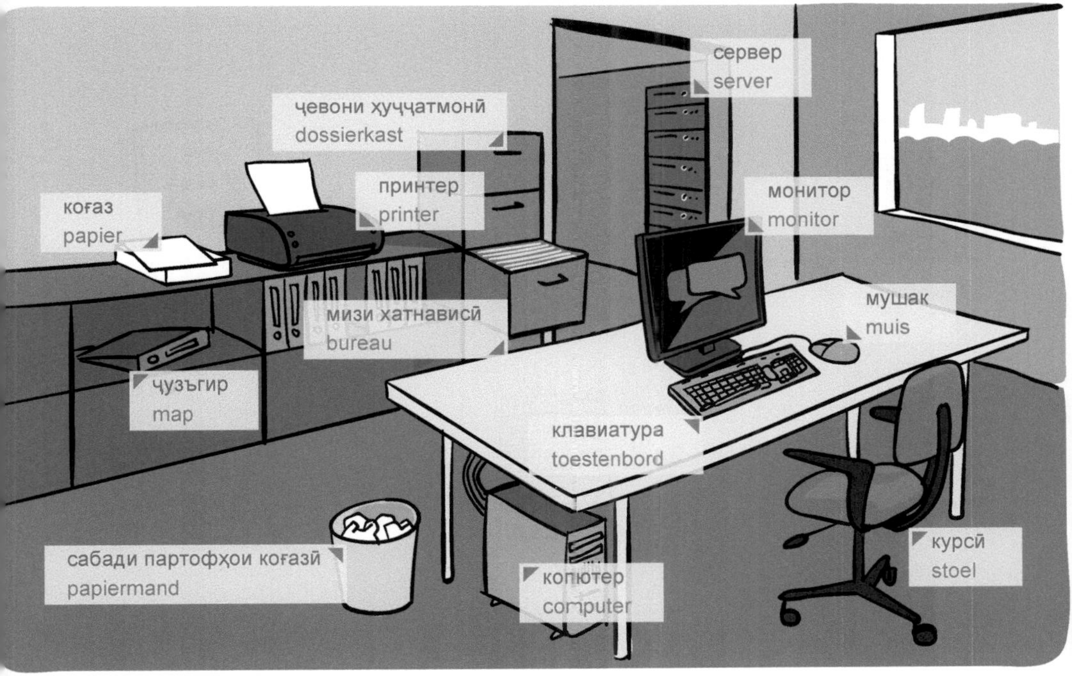

чевони хуччатмонӣ
dossierkast

сервер
server

коғаз
papier

принтер
printer

монитор
monitor

мизи хатнависӣ
bureau

мушак
muis

чузъгир
map

клавиатура
toestenbord

сабади партофхои коғазӣ
papiermand

курсӣ
stoel

копютер
computer

кружкаи кахванӯшӣ

koffiemok

калкулятор

rekenmachine

интернет

internet

ноутбук

laptop

мактуб

brief

хабар

bericht

телефони мобилй

gsm

шабака

netwerk

нусхабардор

kopieerapparaat

нармафзор

software

телефон

telefoon

розетка

stopcontact

факс

fax

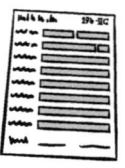

шакл

formulier

ҳуҷҷат

document

харидан

kopen

пардохт

betalen

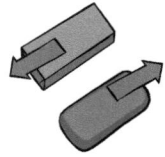

савдо

handelen

пул

geld

 USD

доллар

dollar

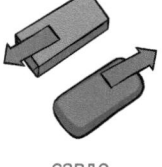 EUR

евро

euro

JPY

йен

yen

RUB

рубл

roebel

CHF

франки швейцариягӣ

Zwitserse frank

CNY

юан

Chinese renminbi

INR

рупӣ

roepie

нуқтаи нақд

geldautomaat

нуқтаи мубодилаи асъор

wisselkantoor

тилло

goud

нуқра

zilver

равғани растанй

olie

энерги

energie

нарх

prijs

шартнома

contract

андоз

belasting

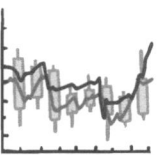

саҳмия

aandeel

кор

werken

хизматчй

werknemer

соҳибкор

werkgever

завод

fabriek

сехи

winkel

касбҳо
beroepen

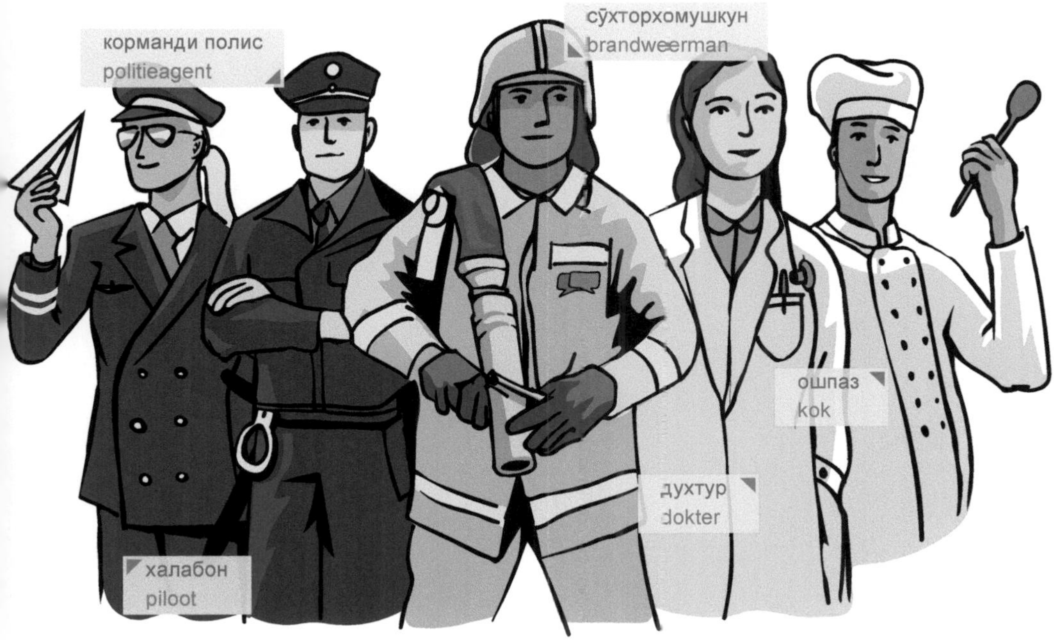
корманди полис
politieagent
сӯхторхомушкун
brandweerman
ошпаз
kok
духтур
dokter
халабон
piloot

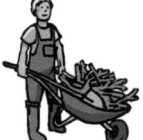

боғбон

tuinman

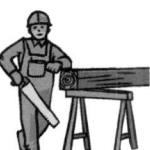

чӯбтарош

timmerman

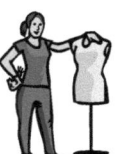

дӯзанда

naaister

судя

rechter

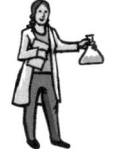

кимиёшинос

chemicus

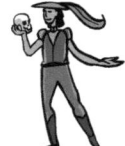

актер

acteur

ронандаи автобус

buschauffeur

таксист

taxichauffeur

моҳигир

visser

фаррошзан

schoonmaakster

устои бомпӯш

dakdekker

пешхизмат

ober

шикорчӣ

jager

расом

schilder

нонвой

bakker

барқ

elektricien

сохтмончӣ

bouwvakker

инженер

ingenieur

қассоб

slager

устои шабакаи об

loodgieter

хаткашон

postbode

сарбоз

soldaat

меъмор

architect

кассир

kassier

гулфурӯш

bloemist

сартарош

kapper

кондуктор

conducteur

механик

mecanicien

капатан

kapitein

духтури дандон

tandarts

олим

wetenschapper

хохом

rabbijn

имом

imam

шайх

monnik

саркоҳин

geestelijke

асбобҳо
werktuigen

болғача
hamer
анбӯри паҳннӯл
tang
мурваттобак
schroevendraaier
калиди гайкатобӣ
schroefsleutel
фонуси дастӣ
zaklamp

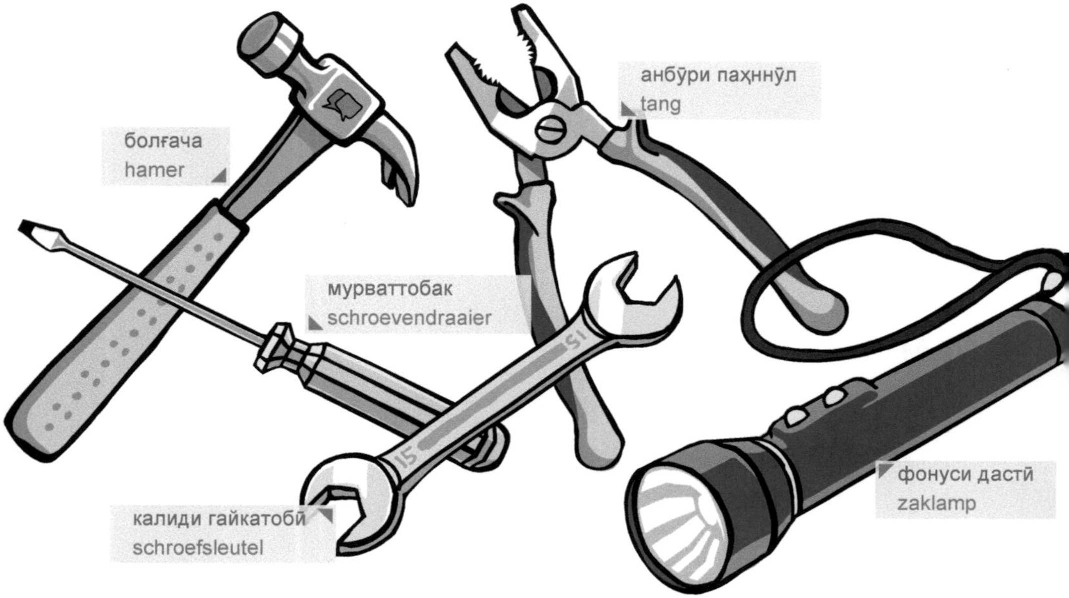

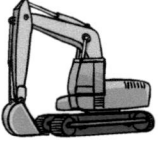

экскаватор

graafmachine

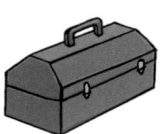

қутии асбобҳо

gereedschapskoffer

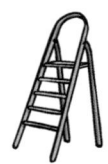

зинапоя

ladder

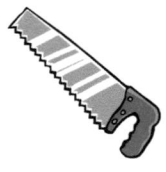

арра

zaag

меххо

spijkers

пармаи электрикӣ

boormachine

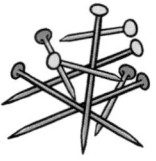

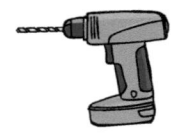

таъмир

repareren

бел

schop

Сабил монад!

Verdomme!

белчаи хокрӯбагирӣ

blik

сатили ранг

verfpot

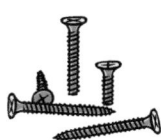

мехи печдор

schroeven

асбобҳои мусиқӣ
muziekinstrumenten

динамик
luidspreker

асбоби нақоразанӣ
drumstel

гитара
gitaar

контрабас
contrabas

карнай
trcmpet

пианино

piano

ғиҷҷак

viool

бас-гитара

basgitaar

нақораи поядор

pauk

нақора

trommels

клавиатура

keyboard

саксофон

saxofoon

най

fluit

баландгӯяд

microfoon

даромад
ingang

паланг
tijger

қафас
kooi

гўрхар
zebra

хўроки чорво
diereneten

панда
panda

ҳайвонот

dieren

фил

olifant

кенгуру

kangoeroe

каркадан

neushoorn

горилла

gorilla

хирси бўр

beer

шутур

kameel

шутурмурғ

struisvogel

шер

leeuw

маймун

aap

бутимор

flamingo

тӯти

papegaai

хирси сафед

ijsbeer

пингвин

pinguïn

наҳанг

haai

товус

pauw

мор

slang

тимсоҳ

krokodil

посбон

dierenverzorger

сил

zeehond

ягуар

jaguar

аспи кӯтоҳҳад

pony

леопард

luipaard

баҳмут

nijlpaard

заррофа

giraffe

уқоб

adelaar

хуки ваҳшӣ

wild zwijn

моҳӣ

vis

сангпушт

zeeschildpad

морж

walrus

рӯбоҳ

vos

ғизол/оҳу

gazelle

футболи амрикои
rugby

велосипедронӣ
wielrennen

теннис
tennis

баскетбол
basketbal

шиноварӣ
zwemmen

хоккей
ijshockey

бокс
boksen

футбол
voetbal

бадмингтон
badminton

атлетика
atletiek

гандбол
handbal

лижаронӣ
skiën

тӯббозӣ бо асп
polo

фаъолият
activiteiten

паридан
springen
оғӯш гирифтан
knuffelen
ханда
lachen
пиёда рафтан
wandelen
шеър хондан
zingen
орзӯ кардан
dromen
ибодат кардан
bidden
бӯса кардан
kussen

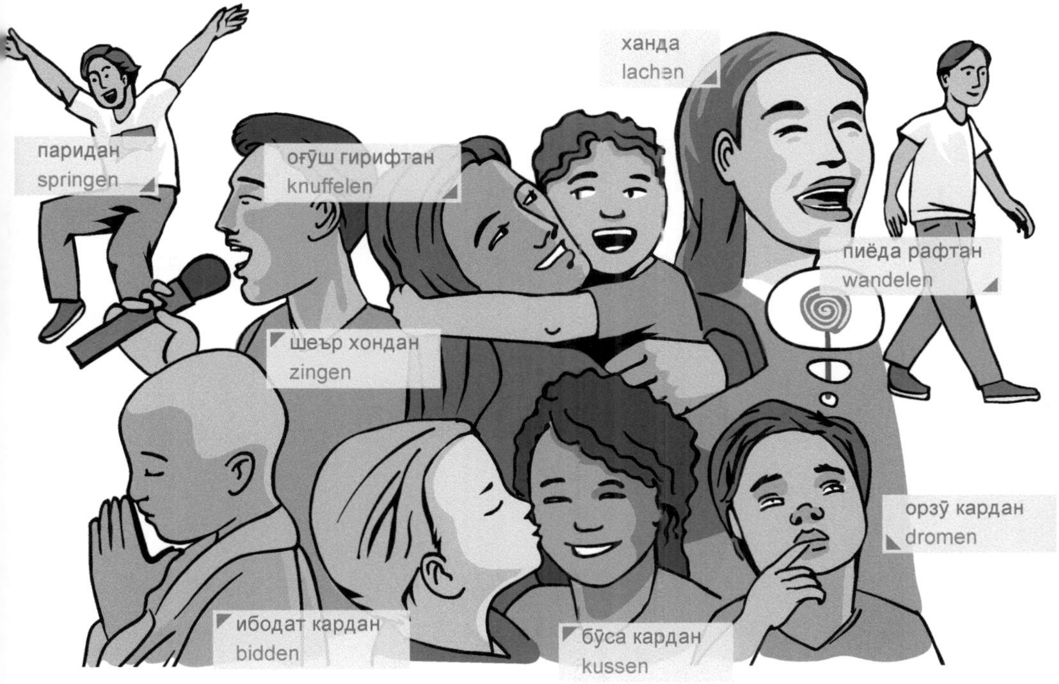

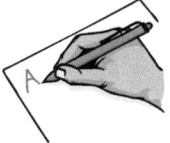

навиштан

schrijven

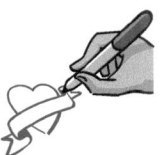

кашидан

tekenen

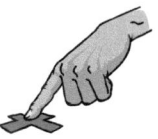

нишон додан

tonen

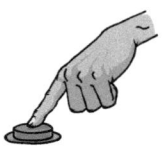

тела додан

duwen

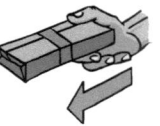

додан

geven

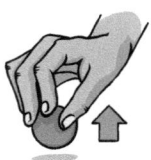

гирифтан

nemen

доранд

hebben

кор

doen

бошад

zijn

истодан

staan

давидан

lopen

кашидан

trekken

партофтан

gooien

афтидан

vallen

дароз кашидан

liggen

интизор шудан

wachten

бардошта бурдан

dragen

нишастан

zitten

либос пӯшидан

aankleden

хобин

slapen

бедор шудан

ontwaken

нигоҳ кардан

kijken naar

гиря кардан

wenen

сила кардан

aaien

шона

kammen

гап задан

praten

фаҳмидан

begrijpen

пурсидан

vragen

гӯш кардан

luisteren

нӯштдан

drinken

хӯрдан

eten

ғундоштан

opruimen

ишқ

houden van

ошпаз

koken

рондан

rijden

парвоз кардан

vliegen

бо бодбон ҳаракат кардан

zeilen

ҳисоб кардан

rekenen

хондан

Lezen

омӯхтан

leren

кор

werken

оиладор шудан

trouwen

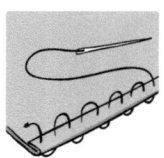

дӯхтан

naaien

дадон шӯстан

tandenpoetsen

куштан

doden

дуд

roken

фиристодан

sturen

оила

familie

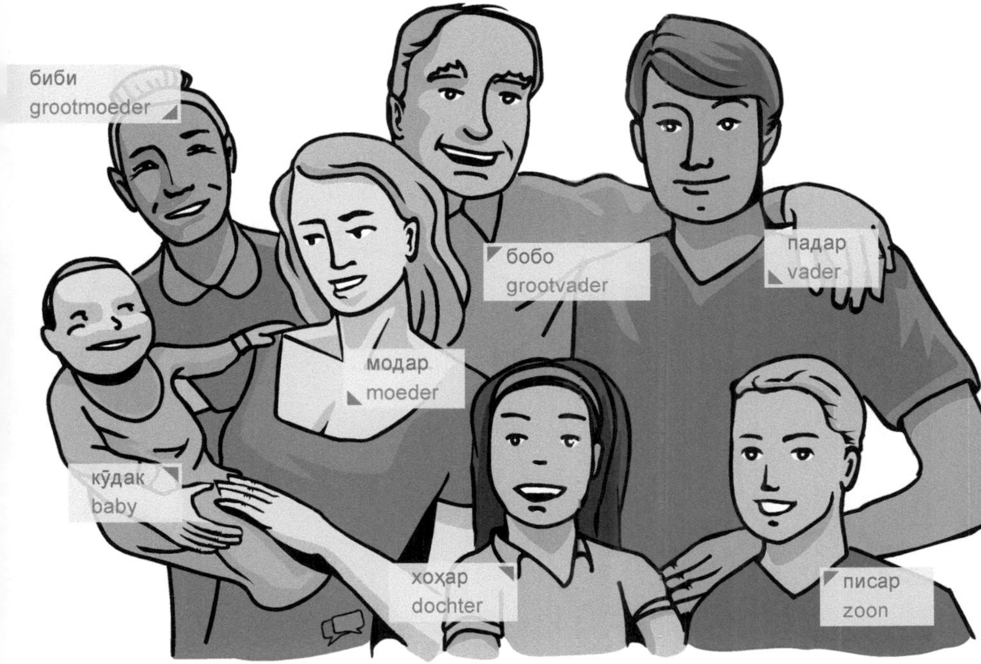

биби
grootmoeder
бобо
grootvader
падар
vader
модар
moeder
кӯдак
baby
хоҳар
dochter
писар
zoon

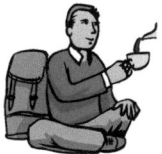

меҳмон

gast

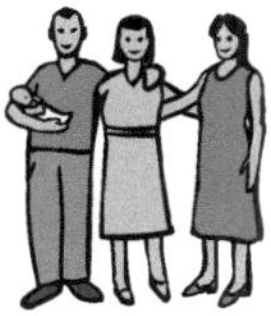

хола

tante

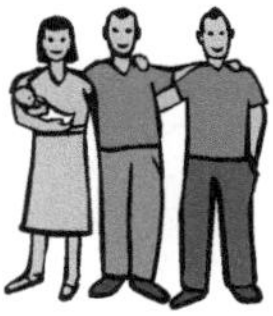

амак

oom

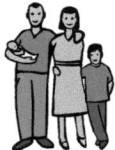

бародар

broer

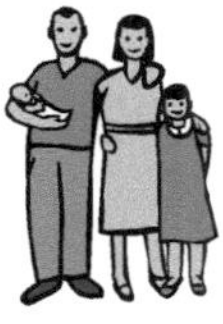

хоҳар

zus

бадан

lichaam

пешонӣ
voorhoofd
чашм
oog
китф
schouder
ангушт
vinger
рӯй
gezicht
манаҳ
kin
панҷаи даст
hand
пой
been
қафаси сина
borst
даст
arm

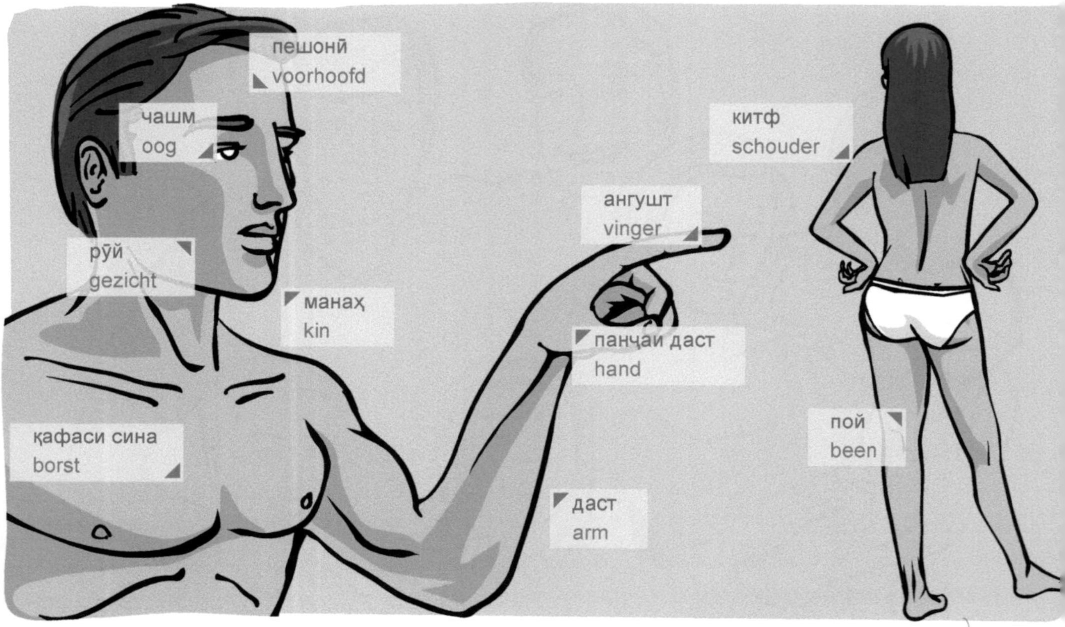

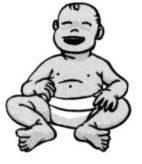

кӯдак

baby

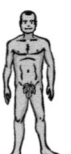

мард

man

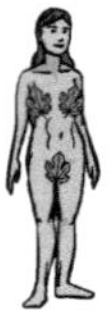

зан

vrouw

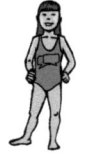

духтар

meisje

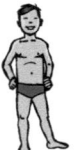

писар

jongen

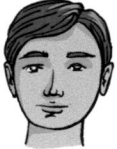

сар

hoofd

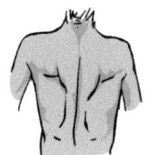

пушт

rug

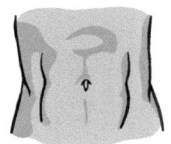

шикам

buik

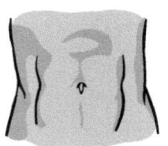

ноф

navel

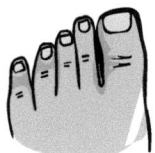

ангушти пой

teen

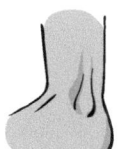

пошнаи пой

hiel

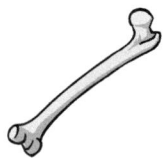

устухон

bot

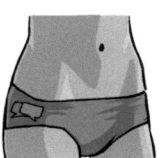

рон

heup

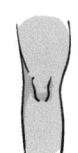

зону

knie

оринҷ

elleboog

бинӣ

neus

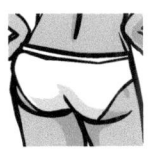

таг

zitvlak

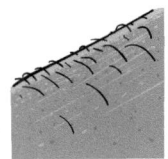

пӯст

huid

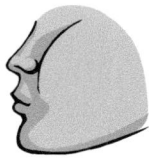

рухсора

wang

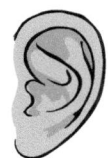

гӯш

oor

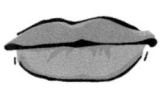

лаб

lip

даҳон

mond

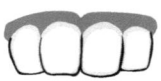

дадон

tand

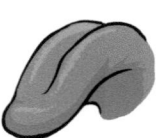

забон

tong

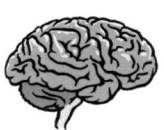

майнаи сар

hersenen

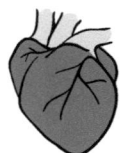

дил

hart

мушак

spier

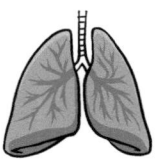

шуш

long

ҷигар

lever

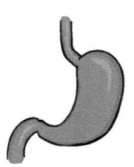

меъда

maag

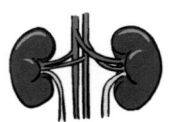

гурдаҳо

nieren

алоқаи ҷинсӣ

seks

рифола

condoom

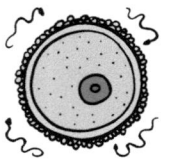

тухмҳуҷайра

eicel

нутфа

sperma

ҳомиладорӣ

zwangerschap

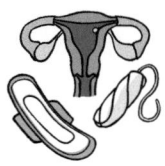

ҳайз

menstruatie

маҳбал

vagina

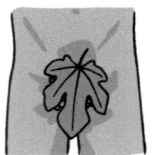

кер

penis

абрӯ

wenkbrauw

мӯй

haar

гардан

nek

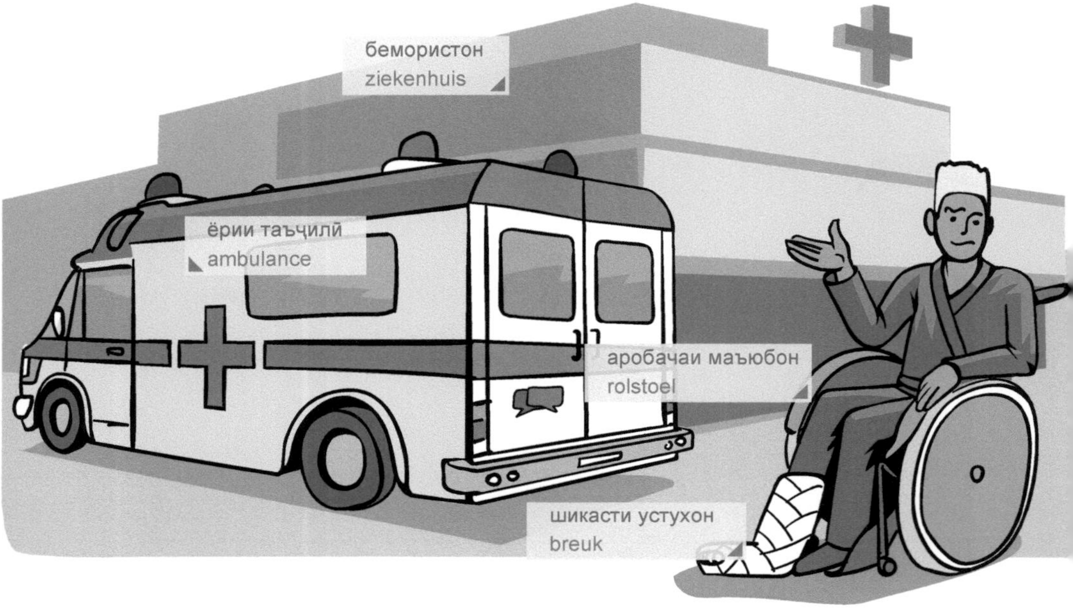

бемористон

ziekenhuis

бемористон
ziekenhuis
ёрии таъҷилӣ
ambulance
аробачаи маъюбон
rolstoel
шикасти устухон
breuk

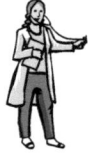

духтур

dokter

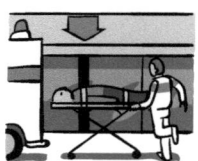

ҳуҷраи ёрии фаврӣ

spoed

ҳамшираи тиббӣ

verpleegkundige

ҳолати фавқулодда

noodgeval

беҳуш

bewusteloos

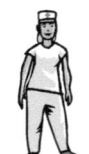

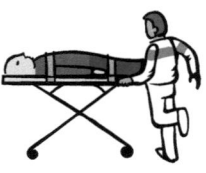

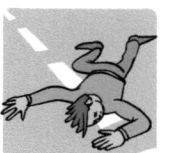

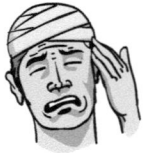

дард

pijn

ҷароҳат

verwonding

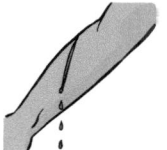

хунравӣ

bloeding

дилзанак

hartaanval

сактаи майна

beroerte

аллергия

allergie

сулфа

hoest

табларза

koorts

грипп

griep

шикамравӣ

diarree

сардард

hoofdpijn

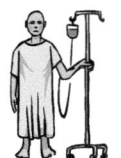

саратон

kanker

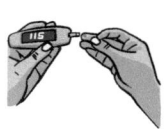

диабет

diabetes

ҷарроҳ

chirurg

скалпел

scalpel

ҷарроҳӣ

operatie

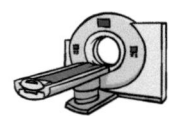

Томографияи компютерӣ

CT

шӯъои ренгенӣ

röntgenstraal

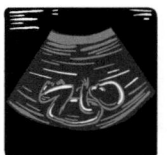

ултрасадо

ultrageluid

ниқоби рӯй

gezichtsmasker

беморӣ

ziekte

ҳуҷраи интизорӣ

wachtkamer

асобағал

kruk

марҳам

pleister

дока

verband

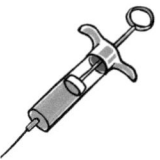

сӯзандору

injectie

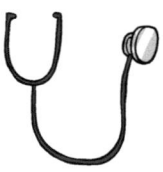

стетоскоп

stethoscoop

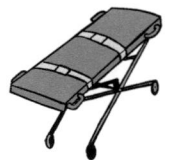

занбар

brancard

ҳароратсанҷ

thermometer

таваллуд

geboorte

вазни зиёдатӣ

overgewicht

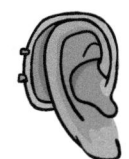

тачхизоти шунавой

hoorapparaat

моддаи безараргардонй

ontsmettingsmiddel

инфексия

infectie

вирус

virus

ВИЧ / СПИД

HIV / AIDS

дору

medicijn

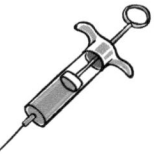

ваксинатсия

vaccinatie

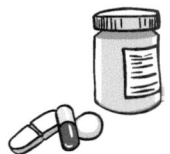

хабхо

tabletten

хаб

pil

занги изтирорй

noodoproep

монитори фишори хун

bloeddrukmeter

бемор/солим

ziek / gezond

Кумак!

Help!

ҳушдор

alarm

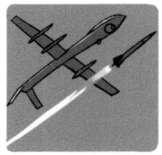

ҳамла

aanval

хатар

gevaar

баромадгоҳи таҳлиявӣ

nooduitgang

хучум

overval

Сӯхтор!

Brand!

оташнишон

brandblusser

садама

ongeval

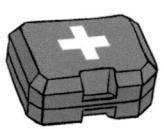

дорукуттӣ

EHBO-kit

бонги хатар

SOS

полис

politie

Аврупо

Europa

Америкаи Шимолӣ

Noord-Amerika

Америкаи Ҷанубӣ

Zuid-Amerika

Африка

Afrika

Осиё

Azië

Австралия

Australië

Уқёнуси Атлантик

Atlantische Oceaan

Уқёнуси Ором

Stille Oceaan

Уқёнуси Ҳинд

Indische Oceaan

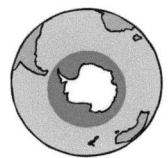

Уқёнуси Антарктика

Antarctische Oceaan

Уқёнуси Арктика

Arctische Oceaan

Қутби шимол

Noordpool

Қутби ҷануб

Zuidpool

Антарктика

Antarctica

замин

aarde

замин

land

баҳр

zee

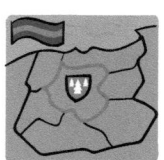

ҷазира

eiland

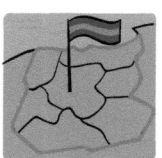

миллат

natie

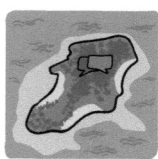

давлат

staat

сиферблат

wijzerplaat

ақрабаки соат

uurwijzer

ақрабаки дақиқашумор

minuutwijzer

ақрабаки сонияшумор

secondewijzer

Соат чанд?

Hoe laat is het?

рӯз

dag

замон

tijd

ҳозир

nu

соати электронй

digitale horloge

лаҳза

minuut

соат

uur

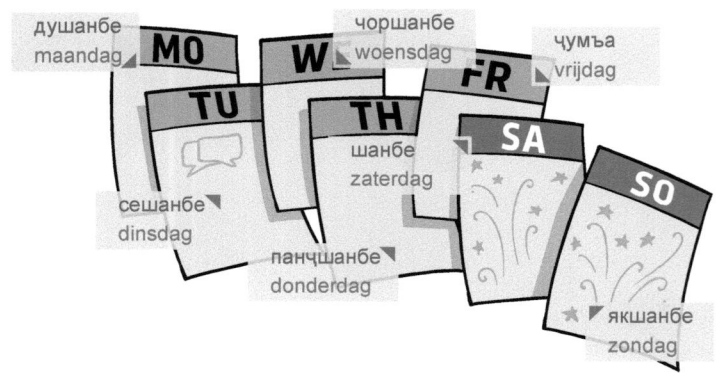

дирӯз
....
gisteren

имрӯз
....
vandaag

фардо
....
morgen

пагоҳирӯзӣ
....
ochtend

нимрӯз
....
middag

шом
....
avond

рӯзҳои корӣ
....
werkdagen

истироҳат
....
weekend

сол
jaar

борон
regen
рангинкамон
regenboog
шамол
wind
барф
sneeuw
баҳор
lente
тирамоҳ
herfst
тобистон
zomer
зимистон
winter

4.APRIL 11°
5.APRIL 4°
6.APRIL 13°
7.APRIL 8°
8.APRIL 10°

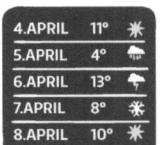

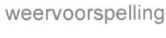

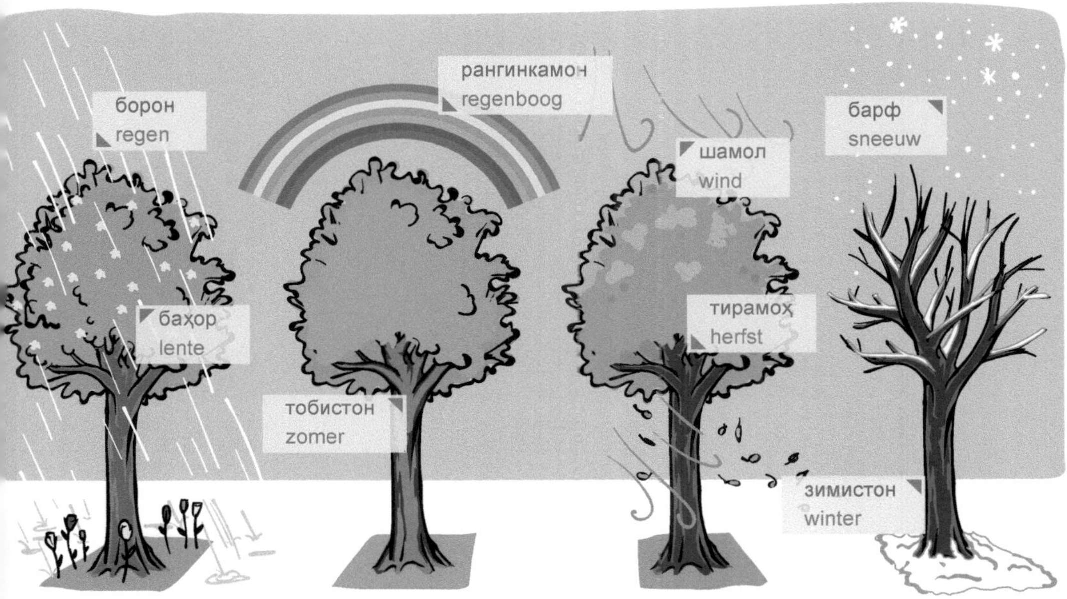

Обу ҳаво

weervoorspelling

F C
120 90 60 30 0 -30
40 30 20 10 0 -10 -20

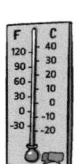

ҳароратсанҷ

thermometer

равшании офтоб

zonneschijn

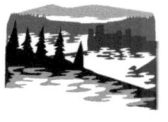

абр

wolk

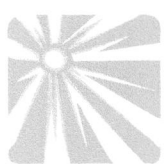

туман

mist

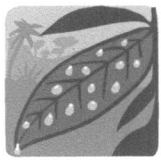

намнок

vochtigheid

барқ

bliksem

тундар

donder

тӯфон

storm

жола

hagel

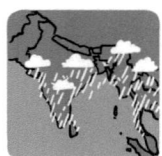

муссон

moesson

обхезй

overstroming

ях

ijs

январ

januari

феврал

februari

март

maart

апрел

april

май

mei

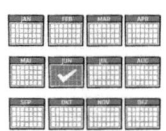

июн

juni

июл

juli

август

augustus

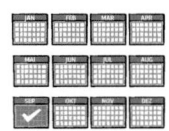

сентябр
....
september

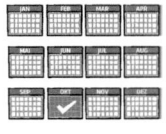

октябр
....
oktober

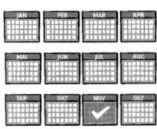

ноябр
....
november

декабр
....
december

давра
....
cirkel

мураббаъ
....
kwadraat

росткунья
....
rechthoek

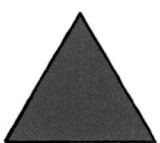

секунья
....
driehoek

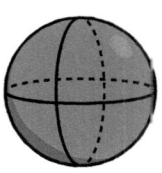

соњаи
....
bol

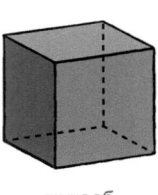

мукааб
....
kubus

гулобй

wit

хокистаранг

geel

зард

oranje

бунафшранг

roze

сурх

rood

қаҳваранг

paars

кабуд

blauw

сиёҳ

groen

кабуд

bruin

сафед

grijs

сабз

zwart

бисёр/кам

veel / weinig

хашмгин / ором

boos / kalm

зебо/безеб

mooi / lelijk

оғози / охири

begin / einde

калон/хурд

groot / klein

дурахшон / торик

licht / donker

бародари / хоҳар

broer / zus

тоза/чиркин

proper / vuil

пурра / нопурра

volledig / onvolledig

рӯзи / шаб

dag / nacht

мурдагон / зинда

dood / levend

кушод/танг

breed / smal

хӯрданӣ /
хӯрданашаванда
eetbaar / oneetbaar

бад/нек

kwaadaardig / vriendelijk

ба ҳаяҷон / дилгир

opgewonden / verveeld

ғавс/борик

dik / dun

якум/охирин

eerst / laatst

Дӯсти / душмани

vriend / vijand

пур/холӣ

vol / leeg

сахт/мулоим

hard / zacht

вазнин/сабук

zwaar / licht

гуруснагӣ / ташнагӣ

honger / dorst

бемор/солим

ziek / gezond

ғайриқонунӣ / ҳуқуқӣ

illegaal / legaal

соҳибақл / беақл

intelligent / dom

рост/чап

links / rechts

наздик/дур

dichtbij / veraf

нави / истифода бурда
мешавад

nieuw / gebruikt

ҳеҷ / чизе

niets / iets

пир/ҷавон

oud / jong

оид / хомӯш

aan / uit

кушода/пӯшида

open / dicht

паст/баланд

stil / luid

бой/камбағал

rijk / arm

дуруст/нодуруст

juist / fout

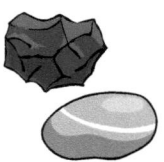

дурушт/ҳамвор

ruw / glad

ғамгин/хушбахт

droevig / blij

кӯтоҳ/дароз

kort / lang

оҳиста/тез

traag / snel

тар/хушк

nat / droog

гарм / сард

warm / koud

ҷанг / сулҳ

oorlog / vrede

0 нол nul	**1** як één	**2** ду twee
3 се drie	**4** чор vier	**5** панҷ vijf
6 шаш zes	**7** ҳафт zeven	**8** ҳашт acht
9 нӯҳ negen	**10** даҳ tien	**11** ёздаҳ elf

12

дувоздаҳ

twaalf

13

сензаҳ

dertien

14

чордаҳ

veertien

15

понздаҳ

vijftien

16

шонздаҳ

zestien

17

ҳабдаҳ

zeventien

18

ҳаждаҳ

achtien

19

нуздаҳ

negentien

20

бист

twintig

100

сад

honderd

1.000

ҳазор

duizend

1.000.000

миллион

miljoen

англисӣ

Engels

англисии амрикой

Amerikaans Engels

мандарини хитой

Chinees (Mandarijn)

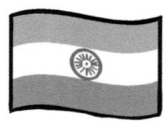

ҳиндӣ

Hindi

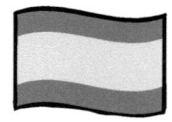

испанӣ

Spaans

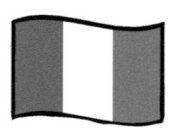

фаронсавӣ

Frans

арабӣ

Arabisch

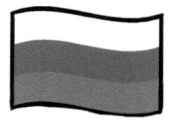

русӣ

Russisch

португалӣ

Portugees

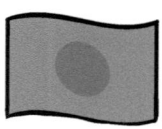

бенгалӣ

Bengali

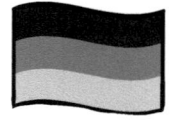

олмонӣ

Duits

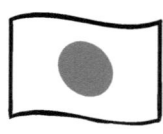

чопонӣ

Japans

ман

ik

шумо

u

Ӯ / вай / он

hij / zij / het

мо

wij

шумо

u

онҳо

ze

ки?

wie?

чй?

wat?

Чй хел?

hoe?

дар кучо?

waar?

кай?

wanneer?

ном

naam

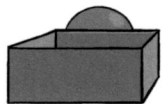

аз паси

achter

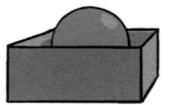

дар

in

дар пеши

voor

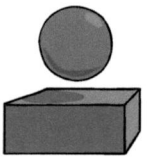

дар болои

boven

дар рӯи

op

дар зери

onder

дар назди

naast

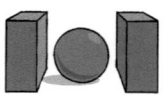

миёни

tussen

ҷой

plaats